www.ingramcontent.com/pod-product-compliance
Lightning Source LLC
LaVergne TN
LVHW010424070526
838199LV00064B/5411
9789358723816

اردو ادب میں غیر مسلم شعراء

مرتبہ:
اعجاز عبید

© Taemeer Publications LLC
Urdu Adab mein Ghair-Muslim Shu'araa
by: Aijaz Ubaid
Edition: March '2024
Publisher :
Taemeer Publications LLC (Michigan, USA / Hyderabad, India)

ISBN 978-93-5872-381-6

مصنف یا ناشر کی پیشگی اجازت کے بغیر اس کتاب کا کوئی بھی حصہ کسی بھی شکل میں بشمول ویب سائٹ پر اَپ لوڈنگ کے لیے استعمال نہ کیا جائے۔ نیز اس کتاب پر کسی بھی قسم کے تنازع کو نمٹانے کا اختیار صرف حیدرآباد (تلنگانہ) کی عدلیہ کو ہو گا۔

© تعمیر پبلی کیشنز

کتاب	:	اردو ادب میں غیر مسلم شعراء
مرتب	:	اعجاز عبید
پروف ریڈنگ / تدوین	:	اعجاز عبید
صنف	:	شاعری
ناشر	:	تعمیر پبلی کیشنز (حیدرآباد، انڈیا)
سالِ اشاعت	:	۲۰۲۴ء
صفحات	:	۳۰
سرورق ڈیزائن	:	تعمیر ویب ڈیزائن

غیر مسلم شعرا کا تعاون

ایک انگریز مفکّر کے خیال میں ''ایک قوم ماضی کی قربانیوں کے شعور، اور مستقبل میں مزید قربانیاں دینے کی رضا مندی کے احساس سے جنم لیتی ہے۔ مشترکہ دُکھ اور مشترکہ تجربات ایک قوم کی تعمیر و ترقی میں مثبت کردار ادا کرتے ہیں۔''

ہندوستانی قوم کا تاریخی تسلسل بھی ہندوستانی قومیت کی تعریف میں بہت اہم رہا ہے۔ ہندوستان میں مختلف نسلوں کے افراد رہتے ہیں مختلف مذاہب و عقائد یہاں کی رنگارنگ زندگی کا جز ہیں۔ تھوڑے فاصلے سے مختلف زبانوں کی بنیاد پر لسانی خطے قائم ہیں لیکن اس کثرت کے باوجود ہندوستان میں ہمیشہ سے ایک بنیادی وحدت رہی ہے۔ ہندستان کے کسی علاقے کا باشندہ کہیں بھی ہو اپنے کو ہندوستانی ہی کہتا ہے ہندستان کے پہلے وزیر اعظم پنڈت جواہر لال نہروں لکھتے ہیں کہ ''میں سمجھتا ہوں کہ تاریخ کے کسی حصے میں بھی ایک ہندستانی نے ہندستان کے کسی بھی خطے میں اپنے لئے یگانگت محسوس کی ہو گی اور کسی بھی دوسرے ملک میں خود کو اجنبی محسوس کیا ہو گا''

دراصل یہ باطنی احساس اور یہ نفسیاتی و جذباتی ہم آہنگی کا تصور قومیت کی تشکیل کرتا ہے اور کسی قوم کو متحد رکھنے میں معاون ثابت ہوتا ہے۔ اس متحد قومیت کے تصور کو قائم رکھنے کے لئے کسی ایسی زبان کی ضرورت پیش آتی ہے کہ جسے پوری قوم سمجھ، بول اور پڑھ سکے۔ مسلمانوں کی آمد کے ساتھ ساتھ ہندوستان میں عربی و فارسی زبانیں بھی

آئیں اور مسلمانوں کے اقتدار کے ساتھ درباروں میں فارسی نے سنسکرت کی جگہ حاصل کرلی مگر عام ہندوستانی اور حکومت وقت کے مابین تعلق کی استواری کے لئے ایک ایسی زبان کی ضرورت کو شدت کے ساتھ محسوس کیا گیا کہ جو مشترکہ قومیت کی تشکیل میں ممد و معاون ثابت ہو اور اس طرح اردو جیسی خوبصورت، نرم اور شیریں زبان عالم وجود میں آئی۔

ہو سکتا ہے کہ اردو کی پیدائش کا سبب اور جس کے جنم داتا مسلمان رہے ہوں مگر اردو محض مسلمانوں کی زبان ہے یہ بہتان محض الزام ہے کیوں کہ اس زبان کی ترویج و ترقی اور اشاعت میں ہمارے غیر مسلم ادباء و شعراء کا بہت بڑا ہاتھ ہے تقریباً دو، سوا دو صدیوں پر محیط اردو کے منظر نامے آئیں گے جو اردو کے جانثاروں و خدمت گاروں کی صفِ اول میں شامل ہیں اور غیر مسلم ہیں۔ اگر ایسے ناموں کی فہرست ہی ترتیب دی جائے تو بھی اس کے لئے ایک دفتر درکار ہو گا۔ میں اپنے محدود مطالعہ کے پیشِ نظر اس مختصر سے مضمون میں نہ تو ان سب کا احاطہ کر سکتا ہوں اور نہ ہی ان سب کو یاد کر سکتا ہوں سرِ دست ایک اجمالی جائزہ پیش کرنا ہی میرا منشاو مقصود ہے۔

اردو شاعر ہو یا نثر، ظرافت ہو یا خطابت، تنقید ہو یا تحقیق، ڈرامہ ہو یارِپور تاژ ہر محاذ پر غیر مسلم دانشوروں کی خدمات اردو زبان و ادب کو حاصل رہی ہیں حصول آزادی میں بھی اردو نے ایک اہم رول ادا کیا آزادی سے قبل منشی دیا نارائین نگم، منشی نول کشور، پنڈت دیا شنکر نسیم، پنڈت برج نارائین چکبست، پریم چند، رام پرساد بسمل، مہاراجہ کشن چند، تلوک چند محروم کے ساتھ ساتھ ہزاروں غیر مسلم دانشوروں نے اردو کے چمن کی آبیاری میں اپنا خون دل صرف کیا۔ اور آزادی کے بعد بھی رگھوپتی سہائے فراق گورکھپوری، کنور مہندر سنگھ بیدی سحر، راجندر سنگھ بیدی، گوپی چند نارنگ، جوگیندر پال،

ہر چرن چاولہ، سریندر پرکاش، کرشن چندر، بلراج میزا، رامانند ساگر، بلراج کومل، پنڈت برج نارائن دتاتریہ کیفی، آنند موہن زتشی گلزار، خار دہلوی، گوپی ناتھ امن، دیوندر اسر، کنور سین، امرتا پریتم، بلونت سنگھ، گیان چند جین، کالی داس گپتا رضا، ٹھاکر پونچھی، گلشن نندہ، گیان سنگھ شاطر، شرون کمار ورما، دت بھارتی، خوشتر گرامی، علامہ سحر عشق آبادی، ڈاکٹر اوم پرکاش زار علامی، بشیشور پرشاد منور، لال چند پرارتھی، بھگوان داس شعلہ، امر چند قیس جالندھری، ابوالفصاحت، پنڈت لبھورام جوش ملسیانی، پنڈت بال مکند عرش ملسیانی، رنبیر سنگھ، نوین چاولہ، فکر تونسوی، رام کرشن مضطر، کے۔ امریندر، جگن ناتھ آزاد، ساحر ہوشیار پوری، رشی پٹیالوی، ستیہ نند شاکر، کرشنا کماری شبنم، ایس۔ آر۔ رتن، کاہن سنگھ جمال، سدرشن کوشل، نریش چندر ساتھی، پریم عالم اور سریش چند شوق وغیرہ ایسے نام ہیں جو آفتاب و مہتاب بن کر اردو کے افق پر جگمگائے اور ان کی روشنی سے جہان اردو منّور و تابناک ہوا یہ تمام حضرات وہ ہیں کہ جن کی شخصیت اور فن نہ تو کسی تعارف کی محتاج ہے اور نہ یہ غیر معروف اور گمنام ہیں ان میں سے بیشتر حضرات اردو ادب میں نہ صرف یہ کہ اہم مقام رکھتے ہیں بلکہ انہیں کلیدی حیثیت حاصل ہے۔ مختلف اوقات میں ان کے فن پر گفتگو ہوئی ہے اور ہندوستانی قوم نے انہیں حسبِ مقدور خراجِ تحسین پیش کیا ہے۔

لیکن غیر مسلم ادباء شعرا کی ایک ایسی فہرست بھی ہے کہ جن کے فن پر نہ تو کبھی خاص گفتگو ہوئی اور نہ ہی انہیں ان کی حیثیت کے مطابق خراجِ تحسین پیش کیا گیا۔ ابھی تک اردو دنیا میں انہیں کوئی اہم مقام بھی حاصل نہیں ہوا ہے۔ میرے اس مضمون کا مرکز و محور یہی حضرات ہیں۔

٭٭

ابھے راج سنگھ شاد

۱۸ فروری ۱۹۱۴ کو نادون ضلع ہمیر پور میں پیدا ہوئے ملازمت کے سلسلے میں چنڈی گڈھ گئے اور وہیں کے ہو کر رہ گئے ڈپٹی کمشنر چنڈی گڈھ گئے اور وہیں کے ہو کر رہے گئے ڈپٹی کمشنر چنڈی گدھ کے عہدہ سے ریٹائیرڈ ہوئے شاعری کے علاوہ نثری مضامین بھی لکھے "گل و شبنم" کے نام سے آپ کا مجموعہ کلام شائع ہوا۔

نمونہ کلام

بڑی کیف آور تھی وہ زندگی
جو نذرِ خرابات ہوتی رہی
میں جس بات سے شاد ڈرتا رہا
عموماً وہی بات ہوتی رہی
گلشن میں یہ پھولوں کا تبسم کب تک
بلبل کے یہ نغمے یہ ترنم کب تک
دو روزہ ہے یہ جشنِ بہاراں اے دوست
یہ کون بتائے کہ ہیں ہم تم کب تک

٭٭

آزاد گلاٹی

۲۵ جولائی ۱۹۳۶ء کو نابھہ پنجاب میں پیدا ہوئے وہیں تعلیم حاصل کی تعلیم سے فراغت کے بعد گورنمنٹ کالج نابھہ میں صدر شعبۂ انگریزی کے عہدے پر معمور ہوئے آزاد صاحب جدید غزل کے علم بردار ہیں آپ کی غزلیں قنوطیت کے انفعالی احساس اور رجائیت کی مملو پسندی کے عین درمیان ایک ایسا لمحۂ فروزاں ہیں کہ جسے شاعر نے بار بار چھونے کی کوشش کی ہے غالباً یہ ہی آزاد صاحب کی فکر کا امتیازی وصف اور ان کے فن کی معراج ہے۔

جب سوچنا تو زیر قدم ساتوں آسماں
جب دیکھنا تو خود کو تہہ آب دیکھنا
کیا تجربہ ہے آنکھوں میں سیلاب روک کر
خود سرزمینِ دل کو ہی سیر اب دیکھنا
حیات فرض ہے یا قرض کٹنے والا ہے
میں جسم و جاں کی حدوں سے گذرنے والا ہوں

٭٭

بہاری لال بہار

کلّو میں ۳۰ جولائی ۱۹۶۵ء کو پیدا ہوئے تعلیم شملہ میں حاصل کی اور وہیں سکونت پذیر ہو گئے۔ ہماچل سیکر ٹیر کے ریٹایرڈ آفیسر ہیں لال چند پرارتھی جو ویر بھدر سنگھ حکومت میں کیبنٹ منسٹر ہونے کے ساتھ ساتھ ادیب و شاعر بھی تھے کے دس سال تک پرسنل سکریٹری رہے۔

چمن والوں کو کیا معلوم کیا کچھ ہونے والا ہے
نگاہیں برق کی رہ رہ کے پڑتی ہیں گلستاں پر

رات دن چاہا ہے ان کو ہم نے ارمانوں کے ساتھ
نام اپنا بھی جڑا ہے ان کے افسانوں کے ساتھ

٭٭

بی۔ کے بھاردواج قمر

۲۹ دسمبر ۱۹۲۹ء کو جالندھر میں پیدا ہوئے ۴۵ میں گورنمنٹ کالج لدھیانہ سے انگریزی میں ایم۔ اے امتیاز کے ساتھ پاس کیا ۶۵ میں ہماچل گورنمنٹ کی سروس اختیار کی اور شملہ گورنمنٹ کالج میں بطور صدر شعبہ انگریزی کام کیا ابو الفصاحت پنڈت لبھورام جوش ملسیانی کے شاگرد ہیں نثر لکھنے کا بھی شوق رہا ہے۔

بھروسہ جن کو اپنے آپ پر ہو
گذر جاتے ہیں وہ ہر امتحاں سے
عجب ہے منزلِ راہِ طلب بھی
وہیں پر ہیں چلے تھے ہم جہاں سے
ہماری وضع داری اے قمر کچھ اس طرح کی ہے
خدا کے سامنے بھی ہاتھ پھیلانا نہیں آتا

**

پرکاش ناتھ پرویز

۲۵ اکتوبر ۱۹۳۰ء کو چنڈی گڈھ میں پیدا ہوئے اکاؤنٹ جنرل پنجاب چنڈی گڑھ کے دفتر میں بطور اسسٹنٹ آڈٹ آفیسر ملازم رہے۔ پرسوتم لال شعلہ جو سناتن دھرم کالج لاہور میں اردو فارسی کے پروفیسر تھے، کے چھوٹے بھائی ہیں۔ پرویز کے کلاس میں شریفانہ خصائص کا واضح پرتو ملتا ہے ان کے کلام میں بے ساختگی اور مانویت پائی جاتی ہے۔

آپ کے عہد کی پہچان یہ ہی ہے شاید
کوئی پیاسا ہو مگر اس کو نہ پانی دینا
صبا چلی ہے تو مہکے ہیں زخم پھولوں کے
بہارِ ناز نے جلوے دکھائے ہیں کیا کیا
اسے بھی ہم نے فن جانا اسے بھی اک ہنر جانا
نگاہ شوق سے بچ کر ترے دل میں اتر جانا

٭٭

دھرم پال عاقل

۲۰نومبر ۱۹۳۲ء کو شملہ میں پیدا ہوئے ہماچل پردیش کے تعلیمی اداروں میں کام کرنے کے بعد بھاشا سنسکرت و بھاگ ہماچل پردیش کے شعبۂ اردو سے وابستہ ہو گئے۔ محکمہ کے مشاعروں، سیمناروں اور دیگر اردو پروگراموں کے انعقاد کے ساتھ ساتھ اس و بھاگ کی اردو مطبوعات کی ادارت کے فرائض بخوبی انجام دئے۔ عرصے تک عروسِ سخن کو سجانے سنوارنے میں مصروف رہے۔ ۱۹۸۴ میں محکمہ کی جانب سے جاری کئے گئے سہ ماہی رسالہ ''فکر و فن'' کی ادارت فرمائی۔ '' خونِ جگر'' کے نام سے آپ کا مجموعہ کلام شائع ہوا۔

کیا جانئے ہوا ہے زمانے کو آج کیا
دنیا تھی خلدزار ابھی کل کی بات ہے
یہ ہے انصاف تو خونِ صداقت کس کو کہتے ہیں
سنا کرتے تھے جو اس کی حقیقت دیکھ لی ہم نے

**

ڈی کمار

۱۵ جولائی ۱۹۲۷ء کو شملہ میں پیدا ہوئے وہیں تعلیم حاصل کی اور محکمہ تعلقاتِ عامہ ہماچل پر دیش میں ملازمت اختیار کی ریٹائیر ڈہونے کے بعد روزنامہ "ملاپ" نئی دہلی میں بطور کالم نویس کام کیا جدید رنگ و آہنگ کے شعر کہنے والوں میں آپ کا شمار ہوتا ہے۔

بھول ہوئی جو بیٹھ گئے ہم ان کے سائے میں اک پل
پتھر کیوں برساتی ہیں یکہ شیش محل کی دیواریں
جس پہ مچھلی کوئی نہ ہو
ایسی بناؤ اک تصویر
کس عالم سے پوچھیں کمار
آپ کے شعروں میں کی تفسیر

٭ ٭

راج نارائن راز

۱۷ اکتوبر ۱۹۳۰ء کو دہلی میں پیدا ہوئے ایک عرصہ تک حکومت ہند کے ماہ نامہ "آج کل" کے مدیر رہے نظم اور غزل دونوں پر قدرت حاصل ہے۔ اُن کا قاری ایک ایسی فضا میں ہوتا ہے جہاں حقائق خود رو پھولوں کی طرح کھلتے اور مشاطگی سے بے نیاز نظر آتے ہیں اُن کے لہجے میں سادگی و سچائی کا حسین امتزاج پایا جاتا ہے۔ راز کی نئے رنگ کی علامتی شاعری اور بھی بہت خوبیاں اپنے دامن میں سموئے ہوئے ہے۔

مجھے تلاش کریں گے نئی رتوں میں لوگ
میں گہری دھند میں لپٹا ہوا جزیرہ ہوں

طلوعِ صبح کا منظر عجیب ہے کتنا
مرا خیال ہے میں پہلی بار جاگا ہوں

وہ شخص کیا ہوا جو مقابل تھا سوچیے
بس اتنا کہہ کے آئینے خاموش ہو گئے

**

راجندر ناتھ رہبر

پٹھان کوٹ (پنجاب) کے مشہور و معروف وکیل پنڈت ترلوک چند کے گھر ۵ نومبر ۱۹۳۱ کو پیدا ہوئے۔ ایم۔ اے ایل۔ ایل، بی۔ تک تعلیم حاصل کرنے کے بعد سرکاری ملازمت میں آ گئے اور کئی برس تک ہماچل پر دیش حکومت کے اکاؤنٹنٹ دفتر میں کام کیا۔ ریٹائرمنٹ کے بعد پٹھان کوٹ میں وکالت شروع کی۔ آپ کی شاعری میں زورِ بیان، برجستگی الفاظ، سوز و گداز اور جدتِ ادا سبھی خوبیاں موجود ہیں۔ دو مجموعۂ کلام ''کلس'' اور ''شام ڈھل گئی'' منظرِ عام پر آ چکے ہیں۔ اِس کے علاوہ آپ نے شعرائے ہماچل پر دیش کا ایک تذکرہ بھی ''آغوشِ گل'' کے نام سے مرتب کیا۔

مقید ہو نہ جاناذات کے گنبد میں یارو
کسی روزن کسی دروازہ کو وا چھوڑ دینا
سحر ہوتے ہی کوئی ہو گیا رخصت گلے مل کر
فسانے رات کے کہتی رہی ٹوٹی ہوئی چوڑی
وہ اٹیں خون سے حسیں گلیاں
وہ ہوا سنگسار دروازہ

**

راجیش کمار اوج

ضلع ہوشیار پور پنجاب کے ایک گاؤں میں پیدا ہوئے۔ بی اے کے بعد آئی۔ پی۔ ایس کا امتحان پاس کیا۔ محکمۂ پولیس کے مختلف اعلیٰ عہدوں پر فائز رہے، اس کے بعد شملہ میں ڈی آئی جی پولیس رہے۔ اوج صاحب نے جو کچھ لکھا۔ سادگی و پرکاری، گہرائی و گیرائی میں اُن کا کلام ضرب المثل ہو سکتا ہے۔ اردو ادب سے اُن کی دلچسپی قابلِ قدر ہے۔

رہ کے گلشن میں بھی ترسے ہیں گلِ تر کے لئے
یہ مقدر تھا تو کیا روئیں مقدر کے لئے
انہیں اوج کیا علم فرقت میں اُن کی
چراغِ نظر بجھ چکا ہے کسی کا
منتظر آنکھیں اسی منظر کی ہیں
خوب تھا حسنِ نظارہ آپ کا

٭٭

ست نام سنگھ خمار

۱۵جولائی ۱۹۳۵ءکو ضلع بھیوانی ہریانہ میں پیدا ہوئے۔ پنجاب یونیورسٹی ست نفسیات میں ایم۔ اے کرنے کے بعد گرونانک یونیورسٹی امرتسر سے پی۔ ایچ۔ ڈی۔ کی، اسکے بعد پشیہ کالج بھیوانی میں نفسیات پڑھانے پر مامور ہوئے۔ غزل ترنم سے پڑھتے ہیں اور خوب پڑھتے ہیں۔ کلام کے دو مجموعے ”لمحات کا بہتا دریا“ اور ”محسوس کرو مجھ کو“ شائع ہوئے۔ اول الذکر دیوناگری لپی (ہندی) میں بھی شائع ہوا۔ حضرتِ شمیم کرہانی کے شاگرد ہیں۔

میں کیسے بند کرلوں منتظر آنکھوں کے دروازے
مرے دل کو خیالِ منتظر سونے نہیں دیتا
بہاروں کا تبسم اور برساتوں کی نم آنکھیں
خمار اُن سے بچھڑ جانے کا غم سونے نہیں دیتا

❊ ❊

سریش چند شوق

۵ اپریل ۱۹۳۸ء شملہ ہماچل پریش میں پیدا ہوئے۔ اعلی تعلیم کے حصول کے بعد دفتر اکاؤنٹنٹ جزل ہماچل پر دیش میں بطور آڈٹ آفیسر کام کرنے لگے۔ ابتدا ہی سے شعر و شاعری سے گہرا لگاؤ رہا۔ بزمِ ادب شملہ کے سکریٹری رہے۔ شوق صاحب نے کم لکھا مگر جو کچھ لکھا اُس میں اور اک، آگہی اور وزن ہے۔

یہ اور بات ہے ہم منھ سے کچھ نہیں کہتے
ہر ایک بات کی لیکن ہمیں خبر ہے میاں

بند ہیں دل کے سارے دروازے
کس طرح آ گئی ہوا بابا

ترے سلوک کا چاہا تھا تجزیہ کرنا
تمام عمر میں الجھا رہا سوالوں میں

**

سریندر پنڈت سوز

چنڈی گڑھ میں ۱۸ جولائی ۱۹۳۷ء کو پیدا ہوئے۔ چندی گڑھ سے نکلنے والے انگریزی روزنامے "ٹریبون" سے بطورِ جرنلسٹ وابستہ رہے۔ اردو میں غزلیں اور انگریزی میں کہانیاں اور انشائیے لکھے۔ اپنے ارد گرد کے حالات و واقعات کو شعر کے پیکر میں ڈھالنے کا ہنر جانتے ہیں۔ ہمیشہ تحت الفظ میں پڑھا مگر انداز ایسا رہا کہ جس نہ ہر بار سامعین کو محظوظ کیا۔

سلاخیں گرم کرو جسم داغ کر دیکھو
مرا وجود کسی غم سے کھولتا ہی نہیں

اپنی خوشبو مرے سینے میں امانت رکھ دے
آنے والے نہ سہی، گذرے زمانے دے جا

پربتوں کی کوکھ سے اُجلی نشانی بھیجنا
ہو سکے تو اِس برس جھرنوں کا پانی بھیجنا

٭٭

سلکشنا انجم

میرٹھ یو۔پی۔ میں پیدا ہوئیں۔ اپنے ہلکے پھلکے اشعار کو وجد آفریں و دلفریب ترنم کے ساتھ مشاعروں میں کافی عرصہ تک پیش کرتی رہیں۔ اور ہمیشہ سامعین سے اچھی داد بھی حاصل کی۔

عقل و دانش یہ مانا بڑی چیز ہیں
دل بھی درکار ہے شاعری کے لئے

غم چھپاتی رہی زندگی، مسکراتی رہی زندگی
دور کی ایک آواز پر جاں لٹاتی رہی زندگی

٭ ٭

شباب للت

بھگوان داس شباب للت۔ ۱۳اگست ۱۹۳۳ء کو سر زمینِ پنجاب میں پیدا ہوئے۔ تاریخ اور اردو میں ایم۔ اے کرنے کے بعد مرکزی سرکار کے محکمۂ اطلاعات و نشریات میں فیلڈ آفسر مقرر ہوئے۔ شباب صاحب ایک پر گو شاعر ہیں۔ کلام کے کئی مجموعے شائع ہو چکے ہیں۔ اپنے عہد کے بلند پایہ شاعر، استاد اور مترجم جناب بشیشور پرشاد منور لکھنوی سے اکتسابِ فن کیا۔ تازہ مجموعۂ کلام "سمندر پیاسا ہے" کچھ عرصہ پہلے شائع ہوا۔

چھین کر تم لے گئے الفاظ کا امرت کلس
میں وہ شیو شنکر تھا جو زہرِ معانی پی گیا

**

کرشن بہاری نور

۸ نومبر ۱۹۲۵ء کو لکھنو میں پیدا ہوئے ریٹرنڈ لیٹر آفس لکھنؤ میں ڈپٹی مینجر کے عہدہ پر فائض تھے وہیں سے نومبر ۸۴ میں ریٹایرڈ ہوئے بہت اچھا شعر کہتے اور مشاعروں میں اپنے مخصوص انداز میں پیش فرماتے۔ کہنے اور پڑھنے دونوں کا انداز متاثر کن تھا غزلوں اور نظموں کے دو مجموعہ "دکھ سکھ" اور "تپسیا" کے نام سے شائع ہوئے۔ پچھلے دنوں لکھنؤ میں انتقال فرمایا۔

ہو کے بے چین میں بھاگا کیا آہو کی طرح
بس گیا تھا میرے اندر کوئی خوشبو کی طرح

**

کرشن کمار طور

۱۱ اکتوبر ۱۹۳۳ کو چنڈی گڈھ پنجاب میں پیدا ہوئے حکومت ہماچل پردیش کے محکمہ سیر و سیاحت میں ملازم رہے بھاشا و سنسکرتی وبھاگ ہماچل پردیش کے زیر اہتمام شائع ہونے والے تذکروں "دریافت" اور "ترتیب" کو مرتب کیا "سرسبز" نام سے ایک ششماہی رسالہ جاری کیا آپ کا مجموعہ کلام "شعر شگفت" کے نام سے منظر عام پر آچکا ہے۔

دل کی دہلیز پہ کیوں طور جلاتے ہو دیا
اس خرابے میں بھلا کون ہے آنے والا
کبھی کبھی مٹی بھی لہو پکارتی ہے
جتنا دیکھیں اتنی چاہت اور بڑھے
کبھی کبھی آنکھیں بھی موتی پروتی ہیں
طور یہ آنکھیں ماؤں جیسی ہوتی ہیں

٭٭

کھیم راج گپت ساغر

۹ مئی ۱۹۳۱ کو شملہ میں پیدا ہوئے وہیں پلے بڑھے تعلیم حاصل کی اور محکمۂ زراعت ہماچل پردیش شملہ میں ملازم رہے۔ بزم ادب شملہ کے سرگرم رکن اور منی مہیش کلا کے صدر رہے شاعری کا ذوق پیدائشی ہے کافی عرصے سے نثر بھی لکھ رہے ہیں۔

میں نے سمجھا تھا چمن میں آگئی فصلِ بہار
جب قریب آشیاں کچھ روشنی ہونے لگی
بڑھ بڑھ کے اور لوگ ہوئے ان سے ہم کلام
میرے لبوں پہ مہرِ خموشی لگی رہی

٭٭

کنول نور پوری

۲۰ جنوری ۱۹۳۱ کو نور پور ضلع کانگڑہ میں پیدا ہوئے کیلاش چندر نام ہے محکمہ تعلیم سے وابستہ رہے گورنمنٹ ہائی اسکول لکھیڑ تحصیل نور پور ضلع کانگڑہ میں ہیڈ ماسٹر کے فرائض انجام دیئے۔ یہیں سے ریٹائیرڈ ہوئے جناب بھگوان داس شعلہ کے شاگرد ہیں ''جرم وفا'' کے نام سے ایک مجموعہ کلام شائع ہوا۔

کھوئی کھوئی ہوئی معصوم سی ان نظروں کو
جی میں آتا ہے کلیجہ سے لگائے رکھئے
نور پھیلاتی ہے یہ غم کے اندھیروں میں کنول
عشق کی شمع بہر حال جلائے رکھئے
وہ ولولوں کی دھوپ، محبت کی چاندنی
لیکر کنول چلا گیا موسم شباب کا

**

منوہر شرما ساغر پالم پوری

دسمبر ۱۹۲۹ میں مارنڈو تحصیل پالم پور ضلع کانگڑہ میں پیدا ہوئے سب ڈویزنل مجسٹریٹ پالم پور کے دفتر میں بطور اسسٹینٹ ملازم رہے۔ نظم، غزل، افسانے، تنقید و تحقیقی مضامین لکھے اردو کے علاوہ ہندی اور پہاڑی زبان میں بھی بہت کچھ تخلیقی کام کیا گذشتہ دِنوں مختصر سے علالت کے بعد انتقال کیا۔

کبھی آس کی دھوپ سنہری، مایوسی کی دھند کبھی
لگتا ہو جیون ہے جیسے خواب کسی سودائی کا
دین و دنیا کی اب ساغر ہم کو کوئی فکر نہیں
میخانے کے دروازے تک آ پہنچے ہیں دیوانے
ہے شامِ انتظار عجب بے کلی کی شام
اتنی اُداس تو نہ ہو یارب کسی کی شام

٭٭

مہندر پرتاپ چاند

یکم اگست ۱۹۳۵ کو ہریانہ کے ایک گاؤں میں پیدا ہوئے اردو، فارسی اور نفسیات میں ایم۔ اے کیا کروں کیشتر یونیورسٹی میں اردو، فارسی کے لیکچرر اور ڈپٹی لائبریرین کے عہدوں پر فائض رہے۔ ادبی سرگرمیوں میں ہمیشہ بڑھ چڑھ کر حصہ لیا۔ امر چند قیس جالندھری کے شاگرد ہیں نظم و نثر میں کئی کتابیں لکھیں۔

ناپنے نکلی ہے شہر دل کی وسعت کو مگر
کیا لگا پائے گی میرے دل کا اندازہ ہوا
شاید تری وفا میں رہی ہو کوئی کمی
اے چاند تونے یار پُرانے جو کھو دئے

**

ہر بھگوان شاد

۱۴ اکتوبر ۱۹۳۱ کو مخدوم پورہ ضلع جالندھر پنجاب میں پیدا ہوئے تعلیم سے فراغت کے بعد صحافت کا پیشہ اختیار کیا روزنامہ ''ہند سماچار'' جالندھر کے ایڈیٹوریل اسٹاف میں شامل رہے۔ ایک عرصہ درانہ تک عروس اردو کو سجانے سنوارنے میں اہم رول ادا کیا۔ نظم و نثر میں کچھ کتابیں شائع ہو چکی ہیں شاعری کی طرح آپ کی نثر بھی دل پذیر ہوتی ہے۔ نظم، غزل، افسانہ، ناول، ڈرامہ سبھی کچھ لکھا انِگنت مشاعروں و سمیناروں میں حصہ لیا۔

زہر نکلا ہے تو امرت بھی کبھی نکلے گا
بحرِ ہستی کو سلیقہ سے کھنگالا جائے
اپنا اپنا ذوق طلب ہے اپنی اپنی فِکر نظر ہے
ہر منزل انجام سفر ہے ہر منزل آغاز سفر ہے
یہ سچ ہے کوہ غم کا اُٹھانا محال ہے
لیکن تری رضا ہو تو انکار بھی نہیں

**

تو یہ ہیں ہمارے ہزارہا غیر مسلم شعراء اور ادباء۔ ضرورت اس بات کی ہے کہ ان حضرات کے فن پر تفصیلی گفتگو کی جائے تا کہ ان کے مقام کے تعین میں آسانی ہو۔ اس سے بھی ضروری اور اہم بات یہ ہے کہ غیر مسلموں کی نئی نسل اردو سے بڑی حد تک نا آشنا ہے۔ ہمارا فرض ہے کہ ہم اس نسل کو اردو کی جانب متوجہ کریں اور ان کے دلوں میں اردو سے دلچسپی کا جذبہ پیدا کریں یہی وقت کی اہم ضرورت ہے۔

***